LITTERATEUR

I write, therefore I am

目 錄
Contents

葉 慈

William Butler Yeats

「冷眼看生死，行者且趲路。」

1865 年 6 月 13 日～ 1939 年 1 月 28 日

愛爾蘭詩人

葉慈

[William Butler Yeats]

人心只能贏得，不能靠人饋贈。

Hearts are not had as a gift but hearts are earned.

——《為我的女兒祈禱》

作家檔案

　　威廉・巴特勒・葉慈，愛爾蘭詩人、劇作家、散文家、神祕主義者、愛爾蘭文藝復興運動領袖，參與創始艾比劇院，曾擔任兩屆愛爾蘭自由邦參議員。1923 年榮獲諾貝爾文學獎，被譽為廿世紀英語文壇最卓越的詩人，代表作有詩集《葦叢中的風》、《塔堡》、《旋梯及其他詩作》、哲學散文《靈視》等。

創作風格

　　葉慈早期的創作風格偏向華麗的浪漫主義，善以文字堆疊出夢幻的氛圍。進入不惑之年後，受到愛爾蘭民族主義政治運動的薰陶，其創作風格產生了明顯的變化，此時更趨近現代主義。而後他著迷於神祕主義，對通靈術一度深陷其中，還嘗試過風靡一時的「無意識寫作」。晚年，則轉變為更貼近人心的風格，為家人寫詩，或描述對時光流逝的感嘆。

戀　愛　　葉慈對茉德・岡一見鍾情，卻屢次求婚被拒，甚至對方嫁作人婦，他依然苦戀多年，這份熾熱的愛意也成為他詩歌創作的靈感來源。

趣　聞　　葉慈是位寫稿很慢的作家！他曾在 1899 年透露：「我不曾在一天內寫超過六行詩句。」由此可知，他的詩歌創作並非信手拈來，而是透過不斷地字字斟酌，反覆修改，方能成就其不朽的文學經典。

生卒年　　1865 年 6 月 13 日生於愛爾蘭都柏林桑地蒙特，晚年百病纏身，在愛妻的陪伴下至法國休養，最終於 1939 年 1 月 28 日逝世於法國，享年七十四歲。

5

🌸 人生如詩，踏歌而行

© Alice Boughton,Wikimedia Commons

葉慈誕生於愛爾蘭首府都柏林附近的桑地蒙特（Sandymount），身為家中長子又是英裔愛爾蘭人的他，從小就有強烈的民族意識。不過，葉慈對英國的感情是又愛又恨的，一方面憎恨英國人在政治上對愛爾蘭的壓迫，另一方面又熱愛莎士比亞等文學大師。

∞ 家族背景深具藝術氣息， 從小耳濡目染

葉慈的父親深以家族的名望為傲，為人處世頗有貴族風範，儘管是位才華洋溢的畫家，卻從未因此致富，工作也不穩定，個性甚至有點特立獨行。在父親的耳濡目染之下，年少時期的葉慈興趣比同儕廣泛許多，於詩歌創作的領域早已大展天賦和才華，更在都柏林的藝術學校學過繪畫。而家中其他手足，像是他的弟弟傑克後來也成為一名畫家，姊姊伊莉莎白、蘇珊則熱衷於工藝美術運動。

© Alice Boughton, Wikimedia Commons
▲ 葉慈的父親 ——約翰·巴特勒·葉慈

∞ 就讀小學，因其身分遭受歧視

為了葉慈父親的繪畫事業，全家搬遷至英國倫敦。一開始，葉慈和他的兄弟姐妹接受的是家庭教育，葉慈的母親因人在異地，特別思念故鄉，常常說些家鄉的故事和民間傳說給孩子們聽，對傳說很感興

趣的葉慈總是聽得津津有味。1877年，葉慈就讀英國的葛多芬小學（Godolphin），四年的學校生活並不愉快，因其愛爾蘭人的身分，受到同學們的歧視和欺負，在校成績也不突出，後來家中經濟發生問題，全家於1880年底搬回愛爾蘭都柏林，而後又搬至郊區霍斯（Howth）。

葉慈一家人在霍斯生活期間，為他帶來許多影響，霍斯有著不少隱密的森林，民間更相傳森林裡不時有精靈出沒，這個神祕的傳說引起葉慈濃厚的好奇心，也因此激發他不少想像力。這段時期，葉慈家請了一位女傭，她非常熟悉各種鄉野傳奇和妙聞趣事，總能娓娓道來

▲ 都柏林近郊的霍斯，是個小漁村，以新鮮海產及沿海的斷崖步道聞名。

許多有趣的冒險故事，這些精采又令人意想不到的內容，後來更全被葉慈記錄在《凱爾特的薄暮》一書中。

❧ 開啟詩歌創作之路，成立詩人協會

中學時期是葉慈文學啟蒙的重要關鍵時刻，1881年10月，他進入都柏林的伊雷斯摩斯·史密斯中學（Erasmus Smith High School）就讀，由於父親的畫室在學校附近，他經常在此消磨課餘時光，因此認識了許多有名的畫家、作家及演員。從那時起，葉慈開始大量閱讀莎士比亞等英國文學家的著作，與那些大他好幾歲的藝術家或文學家熱烈討論交流，彼此相互影響，葉慈也從中獲得許多靈感，激盪出更深刻的思考，開始邁向詩歌創作之路。

© Banjobacon at English Wikipedia,Wikimedia Commons
▲ 詩人協會的成員經常在倫敦酒吧 Ye Olde Cheshire Cheese 相互交流

1887 年，葉慈一家人再次搬回英國倫敦，往後的幾年，葉慈便在英國、愛爾蘭兩國之間不斷來回，那段時間雖然貧苦，卻很充實。葉慈和歐那斯特・萊斯（Ernest Rhys）在 1890 年共同創立文學團體「詩人俱樂部（Rhymer's Club）」，集合了許多志同道合的詩人，透過定期聚會研討、交流文學心得，並分別在 1892 年、1894 年出版詩選集。但詩人俱樂部在當時並沒有受到特別重視，僅葉慈一人成就較顯著。

∾ 發起文藝復興運動，創建艾比劇院

葉慈和葛列格里夫人及其他愛爾蘭作家，共同發起「愛爾蘭文藝復興運動（Irish Literary Revival）」，除了創作文學外，他們也翻譯文學。此項運動影響後世最大的成就，便是劇院的成立。在此之前，葉慈、葛列格里夫人等人創建的愛爾蘭文學劇院，在有力人士的協助之下，成功在

© Marie-Lan Nguyen,Wikimedia Commons
▲ 1951 年大火燒毀原建築，此為後來修建的劇院。

愛爾蘭戲劇界打下基礎，並在都柏林進行演出時賺取了不少資金，因此有足夠的經費於 1904 年 12 月 27 日創立艾比劇院。劇院首日開幕時，身為劇院董事之一的葉慈，有兩部劇作上映，直到去世前，葉慈的創作也一直與劇院緊緊相扣。

對於艾比劇院的經營方針，葉慈並未一味迎合觀眾的趣味，他希望把劇院作為試驗劇本的場所，無論是台詞、演員、布景各方面，他都

想要打破舊有的風格，並親自監督。1907 年，辛格《西部痞子英雄》在劇院首演時，受到當時觀眾強烈抗議，現場幾乎引發暴動，但為了保護創作者的理念，葉慈不惜挺身而出，主張藝術自由與政治無關，此突發事件才逐漸消弭。而葉慈生前最後一次到艾比劇院，是在他過世的前一年，親自參與他的劇作《煉獄》首映會。

✥ 六年從政，晚年邁入創作高峰期

1922 年，葉慈除了詩人之外多了一個斜槓頭銜，他進入愛爾蘭參議院擔任參議員，而他的政治生涯中，最值得一提的成就，就是擔任貨幣委員會的主席，當時他帶領團隊設計出愛爾蘭獨立後的首批貨幣，在政治歷史上留下一筆輝煌記錄。1928 年，葉慈因為身體狀況欠佳，從參議院退休，結束六年的政治生涯，回歸文學領域繼續創作。

步入晚年後，由於年紀的關係，葉慈不再像中年時一樣，創作政治主題的作品，而是改以家庭、個人為靈感來源，他在《馬戲團動物的大逃亡》詩中提及「既然我的階梯已經消失，我必須平躺在那些階梯攀升的起點」，字裡行間道盡了他對時光流逝的蒼涼感。葉慈晚年的創作量極高，有不少著名的詩集、戲劇和散文都在此時完成，甚至出版了自傳書。

報導類內容出處：Niall F / Shutterstock.com

▲ 葉慈的墓碑

晚年百病纏身的葉慈，在太太的陪伴下到法國休養。1939 年 1 月 28 日逝世於法國曼頓的「快樂假日旅館」。1948 年 9 月，愛爾蘭海軍將他的遺體運回祖國，葉慈就此長眠於斯萊果郡鼓崖的聖科倫巴教堂（St Columba's Church），而他的墓誌銘是晚年作品《班磅礴山麓下》的最後一句：「冷眼看生死，行者且趕路。」

葉慈筆下的愛爾蘭之魂

　　葉慈一生的創作鎔鑄各方思想，如浪漫主義、唯美主義、神祕主義、象徵主義、現代主義……等，無論深度與濃度一直都在與時俱進，最終形成獨樹一格的風格。以下將從他不同時期的創作風格進行分析。

✍ 初期作品具有濃厚的浪漫主義色彩

　　1884～1886年，葉慈就讀於愛爾蘭國家美術設計學院的前身——大都會藝術學校（Metropolitan School of Art）。畢業前一年，1885年，葉慈在《都柏林大學評論》上發表了第一首詩歌及散文《賽繆爾·費格森爵士的詩》。葉慈初期的創作風格，融合了浪漫主義、神祕主義，他創造出華麗的詞藻和文字結構，詩句中帶有唯美且神祕的氛圍，讓人讀著讀著不知不覺就進入他編織的夢幻氣氛中，初期代表詩作有：《當你老了》、《茵尼斯弗里島》、《白鳥》、《戀人談論他心中的玫瑰》、《戀人傷悼失戀》等，而1893年《凱爾特的薄暮》散文集也為浪漫主義之作。

© John Singer Sargent, Wikimedia Commons
▲1908年，葉慈的肖像畫

　　葉慈早年的詩歌，多半從愛爾蘭神話或民間傳說中獲取靈感，用詞風格則受到前拉斐爾派（Pre-Raphaelite Brother-hood）散文的影響。葉慈非常欣賞雪萊的詩歌作品，他甚至說：「在世界上知名的作品中，《解放的普羅米修斯》最值得一讀再讀，它在我心中的地位，超越我的想像。」對於支持保存愛爾蘭語言方面，葉慈也不餘遺力，他受到愛爾蘭芬尼亞組織領袖奧里亞雷的影響，曾滿懷感激地表示：「我從與

奧里亞雷的談話中,以及他借我愛爾蘭文書籍中,獲得了穩固我一生志業的精神。」

◀1845 年,約瑟夫・塞文繪製的《雪萊寫作解放的普羅米修斯》

☙ 不惑之年,作品漸趨於現代主義

　　四十歲之後,葉慈的作品擺脫了唯美主義,受到現代主義詩人伊茲拉・龐德等人的影響,以及參與愛爾蘭民族主義政治運動,創作風格開始發生了變化,比起以往的浪漫主義,更趨近於現代主義。葉慈試圖透過創作傳達出他冀望闡揚的民族思想,其用字遣詞越來越冷峻,直接切入主題,所表現的情感也更為具體明確。中期的代表詩歌有:《箭》、《沒有第二個特洛伊》、《1916 年復活節》、《和解》等。

　　1923 年,葉慈獲得諾貝爾文學獎,成為首位獲此殊榮的愛爾蘭人,他的作品被評為「極具藝術化且充滿著靈感,強烈表達出民族靈魂」,有著能完美與人民保持接觸,卻又能提升貴族氣息的藝術手法,被詩人艾略特譽為「20 世紀最偉大的英語詩人」。1934 年,他和拉迪亞德・吉卜林共同獲得歌德堡詩歌獎。

▲1923 年,成為愛爾蘭第一位諾貝爾文學獎得主

　　葉慈認為,若一首詩無法表現高過自身的價值,那首詩就缺乏可讀性。他期望讀他詩作的人,都能進入詩的世界中自在遨遊,藉以擺脫生活的煩擾,而這也是詩與其他文學最大不同之處。

ଔ 晚期作品突顯神祕主義

葉慈對神祕學充滿濃厚的興趣，他曾深入研究過布雷克（William Blake）的詩作；對於新柏拉圖主義（Neo-Platonism）、印度教、佛教、神智學（Theosophy）、靈學和占星學……等思想，都有不少涉獵。從中晚期的作品中，不難看出他對靈性探索的熱衷。他巧妙運用創作技巧，將神祕主義、象徵主義和寫實主義融為一體，並適時添加自身的生活經歷和情感，讓整體創作的涵義更為深入，情感亦更加細膩。

© Alvin Langdon Coburn,
Wikimedia Commons

晚年葉慈的作品，風格趨於個人化，多半以死亡和愛情為主題，同時也開始為自己和家人寫詩。他細膩地描寫對時光流逝、年色衰老的感觸和心情，深獲大眾共鳴。葉慈晚期的代表作有：《深沉的誓言》、《麗達與天鵝》、《在學童當中》、《駛向拜占庭》、《瘋女珍與主教之對談》等。縱然葉慈的一生嘗試了多重風格，但最終仍少不了浪漫主義色彩的因子，相當專情的他，對感情的抒發和體悟超越一般人，無形中也影響了他諸多的創作。

© Wikimedia Commons
▲ 葉慈的親筆簽名

時間	詩歌創作風格	代表詩集
早期 1883 年～ 1899 年	浪漫主義	《十字路口》、《玫瑰》、《葦叢中的風》
中期 1899 年～ 1918 年	現代主義	《在七片樹林裡》、《綠盔及其他詩作》、《責任》
晚期 1919 年～ 1939 年	神祕主義	《塔堡》、《旋梯及其他詩作》、《三月的滿月》、《最後的詩及兩個劇本》

葉慈和他的女人

剎那的相遇，化作一生的執著愛戀。

茉德・岡 ——求而不得的繆斯女神

1889 年，女演員茉德・岡（Maud Gonne）非常仰慕葉慈的詩作《雕塑的島嶼》，她親自帶著介紹信，登門拜訪葉慈位於倫敦貝福德公園的住所。見到茉德・岡的第一眼，葉慈就對這位面如春花的女子傾心不已，漂亮、高挑、優雅、擁有雪白肌膚、金色頭髮和眼眸的她，完全迷惑了葉慈。

他在《回憶錄》（Memoir）中寫道：「我從沒想到會在一個活生生的女子身上看到如此這般的美麗……而我的人生災難從此開始了。」年輕的詩人葉慈自此墜入愛河，傾盡一生為他的繆斯女神創作。

相識後的葉慈與茉德・岡交往了兩年，原本以為能順利結成連理、共渡餘生，卻因在民族主義上的意見有所衝突，茉德・岡拒絕了葉慈的求婚，刻意與他保持距離。茉德・岡熱衷政治，渴望愛爾蘭能獨立，脫離英國的統治，更為此放棄了都柏林上流社會的優渥生活，全力投身於愛爾蘭解放運動中。她只在意葉慈詩中歌頌愛爾蘭的部分，期望他把民族主義宣傳化為更多詩歌，對他的愛意完全無視。

為了擄獲茉德・岡的心，葉慈多少有些身不由己地捲入了政治運動旋渦之中，追隨她參加了一系列革命活動。在愛情和政治理念上，葉慈從來沒有真正與茉德・岡有交集，兩人的信念其實大異其趣，葉慈也在詩詞中透露過疲累的心境：「艱難的迷惑，已榨乾撕裂我心」。

對愛情不屈不撓的葉慈，一共向茉德‧岡求婚四次，卻沒有一次成功，但深情的葉慈對茉德‧岡始終難以忘懷，還以她為原型創作了《凱薩琳女伯爵》的劇本。而葉慈著名的詩作，例如：《當你老了》、《深沉的誓言》、《白鳥》、《和解》，都是為她而寫的名作。

即使葉慈不輕易放棄追求，但茉德‧岡在 1898 年向他透露，自己正和一位法國政客同居，兩人關係因此一度降到低點，卻仍無法澆熄葉慈對她的一往情深，直到她嫁給了愛爾蘭民族運動政治家約翰‧麥克布萊德（John MacBride）。這個消息對葉慈來說，無疑是致命的一擊，他曾在詩作中，對最後贏得美人心的約翰‧麥克布萊德多次嘲諷，加上劇院事務煩擾不已，葉慈抑鬱的心情，也使他的詩風隨之大變。

1917 年的夏天，葉慈得知茉德‧岡離婚，再次求婚，卻又遭到拒絕，得不到佳人回應的葉慈，竟轉而向她的女兒伊索德（Iseult）求婚，理由是她令他想起她母親年輕時的樣貌。屢次求婚失敗的葉慈，此時已經五十二歲，身心俱疲，總算徹底死了心，他將得不到回報的愛，化做一首首情感濃烈的詩篇，就連茉德‧岡也曾對葉慈說：「世人會因為我沒有嫁給你而感謝我的。」否則這個世界將失去一位詩人。

葉慈對茉德‧岡的愛情是靈肉兼具的，初次見面的喜愛，來自於他對其外貌的愛慕，但愛意在他的詩歌創作中，一步步向靈魂邁進，昇華至更高的等級，最終趨近於靈肉合一的愛。而苦戀的煎熬與不可得，也成就了葉慈精彩的創作與繾綣深情的詩篇。

▲ 抱得美人歸的約翰‧麥克布萊德

奧麗薇亞‧莎士比亞
—— 戀情昇華的紅粉知己

© Wikimedia Commons

奧麗薇亞‧莎士比亞（Olivia Shakespear）是位小說家、劇作家、藝術品贊助人，其小說創作多以婚姻為主題，有幾部作品曾涉及敏感的亂倫話題引起爭議。奧麗薇亞是葉慈詩友萊奧內爾‧約翰生的表妹，1894年葉慈正陷於對茉德‧岡的無望戀情中無法自拔時，約翰生把自己的表妹介紹給他，但那時奧麗薇亞其實是已婚狀態，並育有一女。

葉慈與奧麗薇亞起初單純只是好朋友，迸出火花是在相識後的第二年。奧麗薇亞是個聰明且善解人意的女人，與葉慈也相處融洽，兩人同居將近一年曾考慮結婚，但她丈夫不願離婚只好放棄。加上葉慈再遇茉德‧岡時，奧麗薇亞發現他對茉德‧岡仍無法忘情，因此毅然決然離他而去。兩人雖有過男女情懷，但始終保持友誼，書信往返不曾間斷。葉慈甚至說，他與奧麗薇亞通過的信，比他與任何朋友都還頻繁。

葉慈在文學創作、政治理想、個人情感發生問題時，經常徵詢奧麗薇亞的意見，她都能給予葉慈建議，葉慈在她過世後曾說：「她是我四十多年來，在倫敦的生活重心，一起相處的日子裡，我們不曾爭執過，頂多偶爾有些小摩擦，但想法上不曾有過分歧。」一生能遇上如此知己，實屬不易。

喬治·海德麗絲——寬容大器的賢內助

1917 年 9 月，葉慈認識了一位英國女子——喬治·海德麗絲（Georgie Hyde-Lees），年過半百的他，這次終於找到真命天女，順利求婚成功，兩人很快就於 10 月結婚了。心胸開闊的喬治·海德麗絲為了幫助丈夫從先前求婚失敗的抑鬱中走出來，在新婚蜜月時，迎合葉慈對祕密學的喜好，嘗試起乩，此一通靈能力果然引起葉慈的興趣。

© Lady Ottoline Morrell, Wikimedia Commons

葉慈發現太太竟然有通靈的神奇天賦，不但透過她發出神諭，她更提供葉慈詩的隱喻，將他的祕宗哲學組成體系，於 1925 年完成了一部奇書《靈視》。因此，這段婚姻對葉慈來說，是新生活的開始，更是新哲學取向的開端。喬治·海德麗絲是個很有智慧的女人，面對丈夫過往對其他女人求婚的癡情事蹟，展現了女人難有的寬大器度。她曾在寫給葉慈的信中地表示：「當你死後，人們問起你過往的戀情時，我什麼都不會說，因為我以你為傲。」

1919 年，葉慈的長女安妮誕生了，他創作了《為我的女兒祈禱》一詩，安妮不僅遺傳了母親的聰慧的性格、善良的個性，也承襲父親卓越的藝術天分，長大後和葉慈的父親一樣成為畫家。1921 年夏天，葉慈和妻子又再生下一名兒子威廉，一家四口過著美滿的家庭生活。

葛列格里夫人 —— 志同道合的終生摯友

葉慈口中的葛列格里夫人（Lady Gregory），本名為伊莎貝拉‧奧古斯塔（Isabella Augusta），她是一位著名的劇作家，同時也是民俗學家。她與葉慈、愛德華‧馬丁一同創立了愛爾蘭文學劇院和艾比劇院，創作能量豐沛的她，曾為這兩所劇院寫過許多知名的劇本。熱衷研究愛爾蘭神話的她，曾以神話為本，創作了不少小說，完全不亞於葉慈在愛爾蘭文學復興運動中的地位，好客的她更經常邀請同好到她家聚會，彼此交流、互相激盪。

葉慈結識葛列格里夫人於 1896 年，她一開始就鼓勵葉慈參與民族主義運動，嘗試戲劇創作，為影響他一生的重要人物。葉慈曾在葛列格里夫人位於加爾威的房子住過好幾年，她和她兒子羅伯特的名字更經常出現在葉慈的詩作中。在民族主義的影響之下，他當時的創作有著明顯又獨特的愛爾蘭風格，加上葛列格里夫人不時給他靈感，促使他的作品更加豐富。

從葉慈的作品中，不難發現他相當重感情，而且不僅止於愛情，也相當重友情。在詩歌《朋友們》中，他描繪了一生中對他影響至深的女人，在詩中大力讚揚每一位，而葛列格里夫人當然名列其中。葉慈認為若沒有她，他無法全神貫注於文學領域的發展和精進。在葛列格里夫人精神、物質的照顧下，葉慈曾創作出《在那七片樹林裡》、《庫爾的野天鵝》、《庫爾莊園，1929》……等詩作。

© Wikimedia Commons

跟著葉慈去旅行

我在愛爾蘭，追逐葉慈的遊魂。

葉慈的心靈故鄉
—— 斯萊果

斯萊果（Sligo）是愛爾蘭西部重要大城，這個小鎮是葉慈的母親故鄉。雖然葉慈在都柏林出生，但他幼年時期只要一放假，就會隨母親到這裡探望他的祖母，時常聽祖母談論有趣的愛爾蘭民間傳說，因此他對這裡充滿了情感與回憶，日後更成了詩作的靈感來源。

錯綜複雜的幽靜街道和不規則的房子與教堂，以及港口邊進進出出的船舶、綠色的田野及山峰，是斯萊果這座小鎮給人的印象。斯萊果是葉慈的心靈住所，他曾以詩歌表達了對斯萊果童年的美好回憶：「馬車上的魚簍嘎嘎作響，滿載漁獲到斯萊果販售，當時我純潔的心靈毫無裂縫。」另外，著名詩篇《茵尼斯弗里湖島》也傳達了對這裡真切的思念：「我即將動身出發，到茵尼斯弗里島上去，用泥土和樹枝搭建小木屋。」

這個面積約十萬平方公里、人口約六萬人的小鎮，因為葉慈的名氣成了世界聞名的愛爾蘭西北小城，甚至有了「愛爾蘭西部藝術之都」的美名。每年七月在學生放暑假時，斯萊果會舉行「葉慈國際夏令營」的課外活動，對英國詩詞有興趣的學子，能藉此活動深刻了解葉慈的成長背景，並且來這裡讀詩、寫詩，培養文學氣息。

© Sligo-1982 by Helmut Zozmann,Wikimedia Commons

❧ 葉慈雕像

葉慈於 1923 年獲得諾貝爾文學獎後，使得更多人對於愛爾蘭文學產生興趣，紛紛開始專研他的詩作，斯萊果小鎮更成為詩歌的代名詞。斯萊果廣場河畔旁有座「葉慈雕像」，是許多文學朝聖者必來之處。葉慈栩栩如生的雕像，不僅身形維妙維肖，戴著斯文的圓框眼鏡，身上的衣服還被風吹起，饒富趣味，衣擺上更精心刻上了葉慈的詩句。

© Gerd Eichmann,Wikimedia Commons

葉慈雕像後方的歐式建築是歐斯塔銀行（Ulster Bank），磚瓦的建築風格深受葉慈喜愛。他的雕像矗立在銀行前，微笑著看著斯萊果人來人往的民眾，彷彿他已經知道愛爾蘭終將脫離英國殖民獨立。即使他生前無法親自見證這一切，但相信他在另一個遙遠的國度，看到一生熱愛的愛爾蘭已成為歐盟國家之一，肯定非常欣慰。

❧ 葉慈紀念館

葉慈紀念館（Yeats Memorial Building）位於斯萊果市中心，原為皇家銀行的建築，於 1973 年贈送給「葉慈學會（Yeats Society）」改建為紀念館。葉慈學會成立的宗旨主要是懷念葉慈，並推廣他永垂不朽的作品。紀念館的一樓有葉慈的簡介及文物展覽，他的個人生平和創作特色都在此一覽無遺，包括他的太太和其家族背景，也有詳盡的介紹；紀念館的二樓則為藝廊和咖啡廳。

報導類內容出處：NOOR RADYA BINTI MD RADZI / Shutterstock.com

❧ 葉慈長眠之地

距離斯萊果不遠處的庄克里夫（Drumcliff）是葉慈的長眠之地，不少人將它翻譯為「鼓崖」。葉慈去世時已葬於法國羅科布倫（Roquebrune），但他在生前最後的清醒時刻，創作了一首長詩《班礴磅山麓下》（under ben bulbe），詩中提及死後想安葬於愛爾蘭的這座山下。1948 年 9 月，被國家和人民譽為「愛國詩人」的他，遺體被隆重地運回愛爾蘭，完成了他的遺願，而他的妻子於 1968 年去世後，也葬於同處。

© NTF30,Wikimedia Commons

❧ 葉慈故居 Thoor Ballylee

位於愛爾蘭西邊的峇里酈塔（Thoor Ballylee），是葉慈住過最特別的重要居住地。峇里酈塔是中世紀諾爾曼時期的遺跡，當時葉慈因為喜歡周遭的環境，於是買下重建為一座五層樓的方形塔，塔外一片綠油油和潺潺溪流的自然景象，讓他在這裡萌生源源不絕的創作靈感。

從 1921 ～ 1929 年，葉慈一家人在此度過許多夏天。1963 年葉慈夫人將峇里酈塔交給愛爾蘭觀光委員會，經過修繕，於 1965 年正式對外開放為紀念館，命名為「葉慈塔」（Yeats Tower）。塔內展出許多葉慈珍貴的初版詩集，也保留了原來的家具，吸引絡繹不絕的遊客前來參觀，更貼心設有遊客接待區，在這裡不僅能放慢步調喝杯茶，也能在自然的景色中懷念葉慈。

© Jerzy Strzelecki,Wikimedia Commons

葉慈作品賞析

在字裡行間，感受葉慈的細膩書寫，
捕捉凝鍊情感的剎那，一睹文豪不朽之魂！

故事集・1888 年

Fairy and Folk Tales of the Irish Peasantry

《愛爾蘭鄉村的神話和民間故事集》

睡吧，我的孩子！對於沙沙作響的樹木，
被夏日微風的氣息攪動，以及最甜美的童話歌曲，
在我們身邊輕輕漂浮。

Sleep, my child! for the rustling trees,
Stirr'd by the breath of summer breeze,
And fairy songs of sweetest note,
Around us gently float.

　　年幼時的葉慈經常在斯萊果的祖母家，聽傭人講述各種神仙故事及鬼魅傳說，在葉慈心中埋下了想像的種子。他融合了自己的興趣，創作出豐富精采的《愛爾蘭鄉村的神話和民間故事集》。

　　葉慈把神話根植於大地，詩詞中提及許多愛爾蘭傳說的人物和歷史，甚至把故事背景設定在古愛爾蘭的場景中，例如：愛爾蘭女神馬伊佛的雕像、統治者弗博哥的墳墓。世界文學的創作啟發時常源自於古老的神話，葉慈多數的創作也都建立在古愛爾蘭神話上，神話即代表民族個性的原形。

　　在本書的開頭，他講述了愛爾蘭農人對仙女的景仰，讓讀故事的人無不為此著迷。《仙女的遊樂場》講述農人娶妻蓋房，卻剛好選在仙女的地盤上，農人得知後決定趕緊把房子拆了，然而著手拆除時，農人竟意外挖到黃金，好心有好報，這是仙女回饋給他的禮物。

　　《紡紗比賽》的故事也十分有趣，兩位才貌兼具的女孩，為了可愛的男孩爭風吃醋，仙女下凡給了兩人考驗，發現第一位女孩善良熱情，第二位卻無比冷漠，於是仙女決定幫助第一位女孩贏得男孩的愛。在葉慈的筆下，有許多仙女助人的事蹟。此外，精靈、美人魚、魔鬼、惡龍、騎士……等角色，都是為了對抗命運，或追求財富榮耀而安排的角色。承如葉慈所說，一個人若失去了想像，世界將會變得無趣，因此如果愛爾蘭人不再出現仙女的傳說，詩意也將不存在。

詩集 · 1889 年

The Wanderings of Oisin and Other Poems

《烏辛漫遊記及其他詩作》

來呀，人類的孩子！
到那湖水和荒野裡，
跟一個仙女，手拉著手，
因為人世充滿著你無法明白的悲愁

Come away, O human child!
To the waters and the wild
With a faery, hand in hand,
For the world's more full of weeping than you can understand.
——〈失竊的孩子〉

© Shutterstock.com

　　1889 年，葉慈出版長篇詩集《烏辛漫遊記及其他詩作》，取材和靈感來自於愛爾蘭古老勇士傳說和神話故事。這部作品耗時兩年完成，奠定了葉慈之後詩歌的主要思想：追求冥想或行動的生活。本詩集收錄的前八首抒情詩，主題是葉慈在少年時期對印度人及阿爾卡迪亞世外桃源的幻想，詩歌中的女神、公主與王子、華麗的殿堂、孔雀……等元素，流露出鮮明的浪漫主義。

　　〈失竊的孩子〉是其中最著名的一首詩，也是他早期最重要的創作之一。向來鍾情於愛爾蘭傳說的他，二十三歲時以此為基礎創作而成。斯萊果有一處緊鄰漁村的地方，若有孩子在那兒睡著了，仙女就會趁他們睡夢中奪走他們的靈魂。詩中葉慈重複了「Come away, O human child」，就像在催促、誘惑孩子們，趕快跟著仙女離開現實世界。

　　〈失竊的孩子〉裡，奪走孩子靈魂的仙女，在葉慈的眼中並非邪惡的一方，他認為仙女只不過希望純真的孩子不要太早踏進世俗的哀愁。此詩也反應了在英格蘭的統治之下，葉慈對民族的自覺，「For the world's more full of weeping than you can understand./ 因為人世充滿著你無法明白的悲愁」，正說明了時間的推進與長大才是令人需要感到害怕的。這首詩幫助人們清楚透視孩子的心境，也反應了這首詩的主題——現實世界缺乏童真。

詩作・1890 年

The Lake Isle of Innisfree

《茵尼斯弗里湖島》

我即將動身出發，到茵尼斯弗里島上去
用泥土和樹枝搭建小木屋
種上九畝豆子，為蜜蜂鑄造蜂箱
獨自生活在蜂鳴的林間空地

I will arise and go now, and go to Innisfree,
And a small cabin build there, of clay and wattles made;
Nine bean-rows will I have there, a hive for the honey-bee,
And live alone in the bee-loud glade.

© istockphoto.com

　　《茵尼斯弗里湖島》是葉慈最著名的詩篇之一，這座湖島也是他最喜愛的地方，位於愛爾蘭島西北海岸的斯萊果。這首抒情詩以樸實的字彙和生動的意象，細膩地描寫了葉慈對於大自然的嚮往。這首詩創作至今已達一個世紀之久，為愛爾蘭備受推崇的經典之作，在當地更被選為中小學生必讀的名詩。

　　《茵尼斯弗里湖島》是葉慈早期創作的詩歌，充滿了浪漫主義的色彩。葉慈兒時，曾到茵尼斯弗里湖島一帶遊玩，對那裡的湖光山色念念不忘，長大後，面對紛擾的現實生活，格外想念純樸的童年時光和景色，而寫了這首詩回憶自然之美。詩中描述的茵尼斯弗里湖島，是座充滿寧靜又帶有濃厚自然氣息的湖島，島上靜謐的美麗風景，使人心情舒展、怡然自得。

　　葉慈詩中描述了湖島一整天不同時間的景色，他將自己的內心世界與大自然的美景融合在一起。第一段和最末段，他以「即將動身出發」強烈展現迫切的心情，渴望能盡快達到理想中的彼岸。此一心境也反映了他在創作的當下，生活缺乏令他感到幸福的自然要素，因此渴望抵達茵尼斯弗里湖島，尋找精神寄託。

劇作・1892 年

The Countess Cathleen

《凱薩琳女伯爵》

浮躁的心，靜下來吧，靜下來，
你悲戚的愛情不曾被傳頌，
孤獨的聲響覆蓋了愛，
失去自我意志的他，無限廣闊的大門
被黯淡無光的星光和搖擺不定的月光掩蓋了。

Impetuous heart be still, be still,
Your sorrowful love can never be told,
Cover it up with a lonely tune,
He who could bend all things to His will
Has covered the door of the infinite fold
With the pale star and the wandering moon.

▲ 葉慈傾盡一生為茉德·岡創作

1889 年，葉慈認識了熱衷愛爾蘭民族主義運動的茉德·岡，從此陷入苦戀，「困擾他一生的煩惱開始了」。兩人連續九天都在倫敦度過，一起吃飯，一起討論超自然和哲學。有著共同興趣的兩人，原本有大好機會發展成穩定的戀情，但葉慈數度向茉德·岡求婚都遭到拒絕，儘管如此，他仍對她魂牽夢繫，更以她為原型創作了《凱薩琳女伯爵》的劇本。

促使葉慈創作此劇的主因為，身為演員的茉德·岡，由於染上肺結核，不得不中斷演藝生涯，不曾在都柏林登台演出的她，非常渴望能在當地演出。一切都是愛情的力量，葉慈於 1892 年完成劇本後，直到 1899 年才終於在都柏林的劇院舉行首映。

此劇創作發想於葉慈收藏的一部《愛爾蘭民間故事集》中的「凱薩琳·歐西亞女伯爵」，他以此為基礎改編為劇本，故事敘述愛爾蘭一位像天使一樣美麗的女伯爵凱薩琳，將自己的靈魂賣給了魔鬼，使她管轄區域的農民免於饑荒挨餓，但凱薩琳自己最後卻犧牲了生命。此劇在當時引起了宗教和政治的爭議，許多人抨擊葉慈以此鼓吹犧牲奉獻為必要的愛國手段，藉此對抗殖民者的激烈壓迫，甚至顛覆女性柔弱的意象，強調剛毅的女性犧牲生命的美德。

詩作・1893 年

To the Rose upon the Rood of Time

《致時光十字架上的玫瑰》

伴我一生的玫瑰、傲驕的玫瑰，悲哀的玫瑰！
當我歌頌古代的生活，請靠近我。

Red Rose, proud Rose, sad Rose of all my days!
Come near me, while I sing the ancient ways.

▲ 葉慈半身雕像，在都柏林

〈致時光十字架上的玫瑰〉收錄於 1893 年的詩集《玫瑰》（The Roses），為詩集中的第一首詩；這本詩集還收錄了〈當你老了〉，以及〈戰鬥的玫瑰〉、〈世界的玫瑰〉、〈和平的玫瑰〉等著名的「玫瑰詩」。「玫瑰」這個經典的大自然意象，在浪漫主義中非常盛行，然而在葉慈的筆下展現出前所未有的靈活表現，讓「玫瑰」成為一種充滿創造性的符號，而非只拘泥於情愛。

一般人對玫瑰的印象不外乎與愛情、浪漫畫上等號，它在大自然中吐露芬芳、綻放美麗，但在葉慈的詩中，卻融入了神祕主義，他一開始就點明他所說的玫瑰，並非只是長久以來被其他愛爾蘭詩人們歌詠的高貴玫瑰，而是一朵受盡折磨的苦難玫瑰。第一節中，他對玫瑰哀戚呼喊著：「伴我一生的玫瑰、傲驕的玫瑰，悲哀的玫瑰！」彷彿是對他所愛的女人茉德‧岡的呼喊聲。

〈致時光十字架上的玫瑰〉詩中的用詞深藏涵義，葉慈為了與他詩中的玫瑰意象更為匹配，以「rood」來表示「十字架」，而非大眾更熟知的「cross」，因為「rood」的古英語詞根為「大樹」，後來被用來專指基督受難的十字架。而玫瑰在眾多歐洲語言中屬於陰性名詞，十字架則為陽性名詞，詩題中玫瑰被釘上十字架，也暗示了原本對立的狀態和局勢已消弭。

詩作 · 1893 年

When You Are Old

《當你老了》

多少人愛過你曇花一現的身影，
愛過你的美貌，以虛偽或真情，
唯獨一人愛你那虔誠的靈魂，
愛你哀戚臉上歲月的留痕。

How many loved your moments of glad grace,
And loved your beauty with love false or true,
But one man loved the pilgrim Soul in you,
And loved the sorrows of your changing face.

© Léopold-Émile Reutlinger, Wikimedia Commons

▲ 茉德·岡，葉慈一生摯愛

　　《當你老了》是葉慈寫給茉德·岡的愛情詩篇，真摯且深邃的情意於詩句中完美演繹。本詩用詞簡單明瞭，感情真摯動人。葉慈採用多種表現手法，例如：意象、象徵、對比、反襯，展現對茉德·岡忠貞不渝的情感。創作這首詩時，茉德·岡正值花樣年華，擁有美貌的外表和迷人的氣質，但葉慈卻描繪起佳人的年老情景，想像起她垂暮之年的容貌。

　　葉慈以這種特殊的想像力量，描寫茉德·岡白髮蒼蒼、身軀佝僂的年老模樣，主要是為了闡述他的愛情真諦，向她傾訴愛意，同時證明自己並非只是喜歡她年輕的外貌，即使年華老去、美麗不再，也會珍愛她高貴的靈魂，突顯他的愛情觀與其他男人不同，而是另一種更高的境界。質於內的美麗永遠不會褪色，反而會像陳年老酒一樣，隨著時間的流逝，更加馥郁香醇。

　　全詩分為三節。第一節以假設性的時間開頭，想像年邁的戀人在火爐旁閱讀詩集的情景，即使白髮蒼蒼獨自坐著也不覺孤單，因為有葉慈的詩作為心靈陪伴。第二節是全詩的重心所在，對比的手法巧妙地展現出自己的愛比別人更深沉、更忠貞。第三節則如時光機迅速抵達未來，想像多年後的畫面，期望茉德·岡讀到這首詩後能明白他的癡心。

詩作・1893 年

The White Birds

《白鳥》

親愛的，但願我們是浪花上的一對白鳥！
流星尚未隕落，我們卻厭倦了它的閃耀。

I would that we were, my beloved, white birds on the foam of the sea!
We tire of the flame of the meteor, before it can fade and flee.

　　充滿浪漫情懷的優美抒情詩《白鳥》，是葉慈為了他的愛人茉德‧岡所寫。這首詩集合了情感、意象、韻律，宛若略帶哀愁與憂傷的曲子，充滿了對愛及歲月的執著與堅定，儘管無法打動茉德‧岡的心，卻感動了千千萬萬的讀者。

　　葉慈的一生可用詩歌、愛情、藝術、愛國來概括各個階段，是多情又才華橫溢的詩人。在《白鳥》中，葉慈展現了浪漫主義情懷，歌頌了經得起風雨考驗的偉大愛情。這首詩源於葉慈與茉德‧岡在海邊散步時，她對他說，自己嚮往成為海上自由自在的海鷗，葉慈便寫下了《白鳥》獻給她。

　　《白鳥》中提到流星、光芒、玫瑰、百合，這些又美又浪漫且充滿希望的意象，都是為了襯托白鳥的存在。夜晚天上閃耀的流星、早晨藍星的光芒，雖然耀眼卻瞬間即逝。帶有露水的玫瑰與百合，即使嬌艷欲滴、香氣逼人，但花期短暫、生命有限。相較之下，在浪花上盡情翱翔的白鳥，不但經得起風吹雨打日曬，還能愜意地到處飛翔。

　　葉慈運用了頭韻與尾韻的表現形式，如 fade and flee，fret of the flames，sky 與 die，rose 與 goes，shore 與 more，be 與 sea 等，讓整首詩讀起來充滿了節奏感，將詩的形式美與類似音樂的韻律美，天衣無縫地結合在一起，更具可讀性及渲染力。

散文・1893 年

The Celtic Twilight

《凱爾特的薄暮》

一個人隨著年齡增長，
夢想便不復輕盈，
他開始用雙手捧起生命，
更看重果實而非花朵。

One loses, as one grows older,
something of the lightness of one's dreams;
one begins to take life up in both hands,
and to care more for the fruit than the flower.

　　《凱爾特的薄暮》是由葉慈親自取材、訪談自鄉間的隨筆集，1893年首次出版後，葉慈增添了數個章節，於 1902 年發行第二版。葉慈對神祕主義和唯靈論充滿興趣，當然也包括不列顛群島特有的「凱爾特神話（Celtic Mythology）」。從葉慈的文字中，可以發現他認為愛爾蘭是精靈與人類共存的世界，甚至巧妙地以「像細密的針腳，我們的世界與另一個世界縫合一體」來形容兩者的關係。

　　葉慈心中的凱爾特人，為擁有開闊胸襟的精靈，富有、純樸且有超乎預期的想像力，能和諧地與不同族群相處，因此對他們特別崇敬，認為只有古代的智者見過他們，並與之交談過。他們形體長得像人，雖然擁有法力，但因沒有軀體，所以需要人類的肉身替他們行好事。對窮人特別寬待的凱爾特人，他們不但好相處，也喜歡平易近人的人類。

　　葉慈的創作時時透露，愛爾蘭人相信「鬼魂」和「惡魔」的存在，而且他深信愛爾蘭的鬼魂不會害人，反而樂於助人，簡直跟精靈一樣。《凱爾特的薄暮》中，除了提及凱爾特人，也描述了愛爾蘭神話或史詩，充滿了對民族和故土的情懷。葉慈希望透過詩歌激發想像，將愛爾蘭人與神鬼、精靈那種深刻又微妙的依存關係化成文字，激起人們在思想上的認同感。葉慈對新舊時代交替的感嘆，就像薄暮時的人們，無時無刻期待黑夜過後的黎明。

詩作・1899 年

He Wishes for the Cloths of Heaven

《他冀求天國的錦緞》

我把夢鋪在妳的腳下，
輕輕踩啊，因為你踩的是我的夢。

I have spread my dreams under your feet;
Tread softly because you tread on my dreams.

© Camboxer, Wikimedia Commons

▲ 《葦叢中的風》的封面

　　葉慈是二十世紀最後一位浪漫主義詩人，早期的作品帶有唯美浪漫色彩，〈他冀求天國錦緞〉收錄於 1899 年出版的詩集《葦叢中的風》，對用情至深的葉慈來說，愛似乎貫穿了他的一生，他也把這份濃濃的情感鎔鑄在創作中，不管是什麼樣的愛和情緒，他都能以文字表達出超乎一般人的意境。

　　〈他冀求天國錦緞〉是葉慈為他一生所愛的女子茉德・岡所寫的詩歌之一。茅德・岡雖然多次拒絕他的求婚，但他仍對她保有濃濃愛意，將愛化成文字，將她視為尊貴的女神，冀望以千變萬化、五彩繽紛的天光織成錦緞為她鋪作地毯。然而，他能給的只有最珍貴的夢和心意，不惜將夢鋪在她的腳下，讓她行走於上。葉慈以委婉甚至有點卑微的口氣，娓娓表達出真摯又脆弱的情意，期望獲得女方的歡心，但終究事與願違。

　　〈他冀求天國錦緞〉深受後世文學迷的喜愛，尤其受到電影編劇們的推崇，像《重裝任務》中，引來殺身之禍的關鍵就是葉慈的一本詩集，而劇中人在臨死前所唸的詩就是這首。而《查令十字路八十四號》是部以書會友的真摯故事，劇情感動人心，其中在書店裡的一幕，也出現了葉慈的這首詩。

劇作 · 1902 年

Cathleen Ni Houlihan

《胡里漢之女凱薩琳》

他們將永被銘記，
他們將永垂不朽，
他們將永遠訴說，
人民將永遠傾聽。

They shall be remembered forever,
They shall be alive forever,
They shall be speaking forever,
The people shall hear them forever.

▲ 位於都柏林聖史蒂芬綠園的葉慈雕像

　　1902 年，葉慈與葛列格里夫人共同創作的劇作《胡里漢之女凱薩琳》首演，透過劇作血淋淋的點出：英國人的殖民統治是造成愛爾蘭貧窮的根源，希望藉此喚起愛爾蘭人民強烈的民族意識。此劇充滿了民族主義色彩，同時也為愛爾蘭民族風格的戲劇揭開了序幕，更被稱為是葉慈最具有民族主義情感的作品。

　　《胡里漢之女凱薩琳》裡的政治隱喻手法頗為深奧，且具有深厚的愛爾蘭文學淵源，可追溯至十八世紀以蓋爾語為主要創作語言的「阿希林」（Aisling）詩歌傳統和古愛爾蘭「主權女神」（Goddess Sovereignty）的神話傳說；其中「阿希林」的字面意思為「夢境」、「幻想」。此種風格形式的詩歌，以夢境或幻想來表達政治理想，此劇亦反映了二十世紀末期以來，愛爾蘭文化界對多樣化的民族身分認同有著強烈的追求。

　　此劇以 1798 年托恩（Theobald Wolf Tone）領導的愛爾蘭起義為故事背景，講述一位名叫「胡里漢之女凱薩琳」的老婦人四處漫遊，她以言語說服即將成婚的邁克，使其放棄家庭幸福與物質享受，轉而追隨她，獻身愛爾蘭，使她能從醜陋的老婦人重生為年輕貌美的女子。這齣劇成功鼓勵了許多青年投入戰場，但對現實生活中的愛爾蘭女性則造成莫大的限制，她們不被視為獨立的個體，而且有被物化之嫌。

詩作・1910 年

The Coming of Wisdom With Time

《智慧與時俱進》

雖然枝葉很多，根卻是唯一；
穿過青春歲月所有虛妄的日子，
陽光下我抖落枝葉與花朵；
如今我枯萎成真理。

Though leaves are many, the root is one
Through all the lying days of my youth
I swayed my leaves and flowers in the sun;
Now I may wither into the truth.

▲ 葉慈位於都柏林梅林廣場附近的故居

　　〈智慧與時俱進〉收錄於 1910 年的詩集《綠盔及其他詩作》中,是葉慈晚年的一首名詩。從這首詩可感受到他對時間、年老的體悟及感嘆,他的詩歌創作從早期的浪漫抒情,到後期轉變為內斂沉潛,這些心境上的轉折,都反應在他的文字上。晚年,葉慈雖然對人事物的洞察更加深入且坦率,但仍帶有一絲絲惆悵的情緒,他在獲頒諾貝爾文學獎時說:「現在的我蒼老且患有風濕疾病,但我的繆斯反而年輕了起來。」

　　〈智慧與時俱進〉中,葉慈以樹木、葉子隨季節更迭而擁有不同的樣貌和姿態,來比喻人生的各種順境和逆境,他提醒人們應該坦然面對一切,把握順境盡情展現自我的長處,享受榮耀,但當人生中遇上逆境或困頓時,也要學習謙卑,以平常心去面對及自省,不應該只會怨天尤人。

　　花樣年華的容顏固然令男男女女都喜愛,但是經過歲月的淬鍊,所累積出的生命厚度及經歷,就是最大的價值和恩惠,人不會白白度過這一生,垂老枯萎的只是外貌的形式,留下來的都是實實在在的智慧。

詩作・1916年

Easter 1916

《復活節，1916》

**現在，以及永久未來，凡是披戴綠意的地方，
都變了，徹底變了：一種令人害怕的美就此誕生。**

*Now and in time to be, Wherever green is worn,
Are changed, changed utterly : A terrible beauty is born.*

▲ 復活節宣言，1916 年復活節

　　1916 年，為了爭取獨立，愛爾蘭發起了「復活節起義」（Easter Rising），英國政府派兵大力鎮壓，起義的領導人更被處以死刑，當時葉慈人在英國牛津，葛列格里夫人特地寫信告訴葉慈英國軍隊的暴行，葉慈便以此寫了偉大的詩作「復活節，一九一六年」，深切地表達出同情和惋惜，也為起義者在詩歌史上留下不朽的身影。

　　葉慈在復活節起義後三個月創作此詩，對於暴動和政治的描述較為隱晦，是首曖昧不清的政治抒情詩，不過也正因如此，詩裡面提及的感情都頗為外放，鮮活地描繪了自由、真誠、犧牲、死亡。詩裡運用了大量的自然界意象，以火焰、流水、森林、青苔、石頭來描述想要傳達的意念，加深人們對自由的渴望與犧牲。

　　「一種令人害怕的美就此誕生」在詩中重複出現於第一、二、四節，不僅使詩朗誦起來充滿節奏感，亦貫穿了整個架構，讓整首詩更充滿了力量！第三節故意避免這句，是為了增加詩的變化性及心境轉折，特別寫到起義行動的決心，並以象徵性的方式，以石頭來表現出其堅定的志向。石頭雖然在中央，流水終究還是流過，即使萬物不斷改變，流水仍有著自己堅持流動的趨勢。

劇作・1916 年

At the Hawk's Well

《鷹之井畔》

"我讚美的人，"
禿樹高喊，
"已經結婚，身靠在舊壁爐旁，
他一無所獲，
但孩子和愛犬在身邊，
若非愚鈍，誰會讚美凋零之樹？"

"The man that I praise,"
Cries out the leafless tree,
"Has married and stays
By an old hearth, and he
On naught has set store
But children. and dogs on the floor.
Who but an idiot would praise
A withered tree?"

© Alvin Langdon Coburn, Wikimedia Commons

▲1963 年，艾茲拉・龐德於威尼斯

　　1913 年，葉慈在英國倫敦結識了美國詩人艾茲拉・龐德（Ezra Pound），龐德表示「葉慈是唯一一位值得認真研究的詩人。」1913 ～ 1916 年每年冬天，葉慈和龐德都在亞士頓森林（Ashdown Forest）的別墅中過冬，這段期間，龐德擔任葉慈的助理，深深影響了葉慈在劇本方面的創作，輔助他進入另一個新境界。

　　身為歐內斯特・費諾羅薩的遺作管理人，龐德將許多珍藏的手稿提供給葉慈，還整理日本能樂的相關知識，做為葉慈創作貴族風格劇作的靈感，因此成就了葉慈第一部模仿日本能樂的劇作《鷹之井畔》。1916 年 1 月，葉慈將這部作品的手稿獻給龐德，並於同年進行首演，除了有濃厚的日本風格外，也包含了舞蹈的元素，演員們則戴著面具演出。其劇本於 1917 年出版，主要題材和靈感皆來自於古阿爾斯特神話英雄庫胡林（Cuchulain）的故事。

　　1919 年，葉慈曾在寫給葛列格里夫人的信中，提及自己的抱負說：「我想打造一種非大眾的戲劇，類似於祕密組織內的人才能觀賞的戲劇，受邀前來的人才能觀賞。」而《鷹之井畔》首演時，也真的如同他自己所言，觀眾皆為受邀而來的詩歌愛好者，演出地點則是某位上流人士家中的客廳，沒有舞台也沒燈光，就像一場上流社會和知識分子的交流盛宴。

詩作・1919年

The Wild Swans at Coole

《庫爾的野天鵝》

它們雙雙對對，永不困倦，
它們划泳在寒冷中，
相伴在流水或凌空飛起 ，
它們的心沒有變老。

Unwearied still, lover by lover,
They paddle in the cold,
Companionable streams or climb the air,
Their hearts have not grown old.

▲ 葉慈攝於 1922 年的都柏林

　　1919 年，葉慈出版詩集《庫爾的野天鵝》，收錄的詩作不同以往，皆充滿了熱情洋溢的生命氣息，卻也展露出現實世界中墮落或無奈的狀況，即使如此，生命仍有值得奮力一搏的價值。同名詩歌描寫了野天鵝生活的自然環境：秋季的樹林、幽幽小徑、十月的黃昏、寂寥的天空、潺潺的流水，這些充滿詩情畫意的景色無不襯托出野天鵝的美。

　　詩中憶起十九年前相同的景色，表達出詩人的一片癡心。他回想自己細數五十九隻野天鵝，這些年的改變有如物換星移，看看如今的自己，面貌不如以往年輕、腳步不如以往輕盈，但野天鵝依舊光輝耀眼。他以「它們的心靈還年輕」、「總有著激情和雄心」這些詩句，來與自己當下的狀態進行對比。

　　葉慈早期的詩作風格唯美浪漫，中晚期受到愛爾蘭民族解放運動的影響，加上他所愛的女人茉德・岡並不愛他，為愛憂愁的葉慈，藉由詩中成雙成對的天鵝表達他內心的傷感，並透過唯美的畫面將「失意」（lost）和「悲痛」（lamentation）之情展露無遺。

詩作・1923 年

Leda And The Swan

《麗達與天鵝》

勁風掠過，巨大翅膀在掙扎的女孩身體上，
黑色翼爪摸她的雙腿，巨喙叼她的頸項，
他箍緊她無助的胸脯，貼上了自己的胸膛。

A sudden blow: the great wings beating still
Above the staggering girl, her thighs caressed
By the dark webs, her nape caught in his bill,
He holds her helpless breast upon his breast.

▲ 麗達與天鵝，原為達芬奇的畫作，
但已丟失，目前僅存仿作留世。

　　1885 年，葉慈和志同道合的朋友們共同創建「都柏林祕術學會
（Dublin Hermetic Order）」，長達好幾年的時間，葉慈深陷神祕主義和
通靈術中無法自拔，更與妻子一同嘗試過當時風靡一時的「無意識寫作」。
葉慈曾在作品中徹底實踐了神祕主義，在他的詩作《麗達與天鵝》中最為
明顯，這首短詩取材自古老的希臘神話，故事講的是宙斯幻化成美麗的天
鵝，強行與麗達結合後生下兩位女兒：海倫和克呂泰涅斯特拉。這兩位女
兒都是天仙美女，但不約而同都為人間帶來了災難。

　　特洛伊人與希臘人為了爭奪海倫，爆發了長達十年的特洛伊戰爭。克
呂泰涅斯特拉因與別的男人通姦，最後親手殺死了自己的丈夫——希臘聯
軍統帥阿伽門農。希臘神話對此解讀為女人是造成悲劇的禍水，但葉慈以
獨特的觀點來剖析，他認為，歷史的發展如同「旋體」般不斷循環向前，
神話中天鵝與麗達的結合，象徵人類歷史不可預測的開端，就如同許多事
情往往自然而然地發生，誰也阻擋不了或改變。

　　《麗達與天鵝》的創作引起西方評論界的各種聲浪，有一派認為「歷
史變化的根源來自於性愛和戰爭」，另一派則認為「歷史為人類創造力和
破壞力交互作用的結論」，無論是何種論點，都為人類開啟了不同的思考。
究竟是什麼樣的力量主宰著人類的意志，使其推動了歷史與文化改革？葉
慈在撰寫這首詩時，有感於當時歐洲政治的衰敗狀況，企圖以詩歌來啟發
眾人的思考，尋找出一條全新的道路。

哲學散文・1925 年

A Vision

《靈視》

他們從一個搖籃跑到另一個搖籃，
直到最後他們的美麗從身體和靈魂的孤獨中消失了。

They ran from cradle to cradle till at last
Their beauty dropped out of the loneliness
Of body and soul.

▲ 葉慈，1933 年

　　葉慈著迷於神祕主義，且傾向印度宗教，晚年他曾親自將印度教的《奧義書》翻譯成英文版。超自然的冥想，成為葉慈晚期詩歌創作的重要靈感。然而，因為與宗教太過相近，某些評論家就曾批評葉慈詩作中的神祕主義缺乏可信度，甚至重度抨擊他是胡言亂語。即使遭受這麼多撻伐，葉慈在 1925 年出版的《靈視》，仍講述了神祕主義的奧妙思維，認為人類的歷史是一個「迴旋」，迴旋最後到達的終點就是所謂的「神性」，這與尼采的「永劫回歸」觀念十分類似。

　　除了受宗教影響之外，葉慈的太太為了幫助他走出情傷的陰霾，投合他的喜好扶乩降神，為他的創作提供了隱喻，更為《靈視》貢獻了許多「自動書寫」的句子，葉慈加以整理後，一併收錄在書中。書中內容所涉及的幾何圖形，解釋了歷史變化的「迴旋」說，並以東方月相學解釋人類的個性類型，以及靈魂轉世的傳說。透過葉慈在《靈視》中的想像與邏輯，各種流傳已久的文化和神祕面紗，似乎都被自圓其說了，這本書亦具體寫出了神祕學思想的抽象。

　　《靈視》集葉慈宗教、哲學、象徵、占卜體系的大成，也是理解葉慈中晚年詩作的最佳途徑。

詩作・1926 年

Among School Children

《在學童當中》

栗子樹啊，偉大深根的開花者，
你是葉子、花朵，還是株幹呢？
隨音樂搖曳的身軀，耀眼閃爍，
我們要如何分辨是舞蹈與舞者？

O chestnut tree, great rooted blossomer,
Are you the leaf, the blossom or the bole?
O body swayed to music, O brightening glance,
How can we know the dancer from the dance?

© Elena Tartaglione,Wikimedia Commons

▲ 葉慈在法國的故居

　　〈在學童當中〉是葉慈六十歲時，參訪一所教會小學後寫下的詩歌，收錄於 1928 年的詩集《塔堡》中。他在參觀校園時，看到好多學童，眼前一幕幕的畫面，不禁讓他想起一生追求的女人茉德・岡。他想著，當年她也可能像這些學童中的其中一位，於是靈感突然湧現，這首詩歌因此誕生。

　　葉慈以象徵主義來檢視自己的愛情觀與人生經歷，透過獨特的意象來完成描繪。詩中，葉慈以「老人」來闡述自己的心境，將辛勞、勞動比喻為開花和舞蹈，闡述了與現實世界相對比的想像世界，藉此提醒人們，誰都無法逃避現實與想像之間的矛盾關係。此詩共有八節，葉慈以洗鍊的詩句、涵義深遠的象徵手法來形容，本詩風格不但撲朔迷離，也十分抽象、神祕又深邃。

　　詩的最後，葉慈透過對栗子樹的描寫，樹立起幸福工作者、自得其樂者的形象。詩中他提及的「辛勞」意即日常生活，是整體人生中不可缺少的一部分。如同一棵栗子樹不能只是單有葉子、花朵或株幹，成為一棵栗子樹，缺一不可。葉慈在筆記中曾表達過：他的思想不再一味追求理性、排斥情慾、頌讚藝術、超脫現實，而是試圖表達較為客觀的理念。從藝術面來剖析，此詩結構繁複且意涵不易了解，他把現實、象徵和玄學、哲學全部結合起來，粗獷而堅實，深刻而糾結。

詩作・1928 年

Sailing to Byzantium

《航向拜占庭》

我飄洋過海航行而來，
抵達拜占庭聖城。

And therefore I have sailed the seas and come,
To the holy city of Byzantium.

© Lady Ottoline Morrell,Wikimedia Commons

1916 年，葉慈買下愛爾蘭西部高爾威郡的峇里鄺塔（Thoor Ballylee），他時常帶著家人在此度假或居住。如同葉慈喜歡把自己的經歷寫入詩中一樣，這座塔也常在他詩中出現。1928 年，他出版的詩集便以《塔堡》為名，裡頭收錄的作品中，以〈航向拜占庭〉、〈麗達與天鵝〉和〈在學童當中〉三首最著名，因為其中充滿了象徵手法，詩句亦充滿了力量，足以發人省思。

〈航向拜占庭〉這首詩開宗明義提及了年老、逝去、遺忘，葉慈飄洋過海一路航行至神聖的拜占庭，訴說那裡的一切。他曾在《靈視》裡提及：「若我能選擇回到古代居住一個月，我會選擇拜占庭，在賈士第尼開放聖索菲亞教堂、柏拉圖學院關閉前。我想我會在小酒館內遇到智慧的鑲嵌工匠，回答我所有的疑惑……」。對葉慈而言，拜占庭不但是東正教的中心，也是不朽的藝術之都，因此一心想航向拜占庭。

葉慈擅長以年老為創作主題傳遞各種思想，無論是以自己的年老做為開端，或是想像欣賞的女子日漸年老的模樣，他都寫得絲絲入扣。以高昂憤恨的情緒描述年老，企圖讓世界知道年老和盛年、青年是同樣重要的人生階段，或許藉由他的詩作，能夠喚醒人們對於年老的不同思考。究竟葉慈是懼怕年老、接受年老，或是鼓勵大眾以不同角度來欣賞年老的一切？沒有正確的答案，就如同你我都無法預知自己年老的樣貌或是心境轉變。

詩集・1933 年

The Winding Stair and Other Poems

《旋梯及其他詩作》

我在街上遇見主教，他和我灑灑對談。
「妳的胸部已平扁下垂，生命也即將枯萎了，
快去找間舒適的寓所，別再住在豬圈裡」
—— 〈瘋女珍與主教之對談〉

I met the Bishop on the road
And much said he and I.
"Those breasts are flat and fallen now
Those veins must soon be dry;
Live in a heavenly mansion,
Not in some foul sty."
—— <Crazy Jane Talks with the Bishop>

　　許多文學研究學家認為，葉慈詩歌的創作特色是「智慧」，他的智慧來自兩種極端的族群：高高在上的王公貴族，以及包括農人、修道人士、流浪者、乞丐、瘋子等市井小民。1933 年，葉慈發表的詩集《旋梯及其他詩作》就收錄了三首關於「瘋女珍」（Crazy Jane）的詩作：〈挨罵的瘋女珍〉、〈瘋女珍論上帝〉和〈瘋女珍與主教之對談〉，每首詩都蘊藏了意想不到的獨特哲理。

　　其中，〈瘋女珍與主教之對談〉這首詩，葉慈運用他擅長的象徵手法，如：「墓地」（grave）意指過世的人，「床」（bed）意指活著的人。細細品味的同時，字字句句都需要仔細思量，才能不被詩句困惑。詩歌創作的來源，絕對不是唾手可得，每句用詞都是葉慈細細斟酌而來，並不斷重複思考修改後才誕生的。

　　此詩藉由社會地位較高的主教和低下階層的瘋女珍做對比，兩者雖然生活背景、知識、財富相差十分懸殊，但是若論坦承和愛情，瘋女珍對於人生反而更加無所畏懼，如果換個角度來思考，哪一方才算是真正擁有智慧的人呢？葉慈為讀者開啟了全新的思考之路，指引人們不要因階層、階級、貧富而迷惘或失去自我。葉慈藉由瘋女珍的嘴巴，道出了令人深刻思考的議題「世無一物可稱整體，若其未曾分裂」（For nothing can be sole or whole That has not been rent.），如果世界不存在分裂，就不會有人在意它的完整。

葉慈生平年表

年份	年齡	大事記
1865 年	0 歲	6 月 13 日，出生於愛爾蘭都柏林市桑地蒙特大道喬治大宅一號
1880 年	15 歲	舉家搬回愛爾蘭，定居霍斯
1881 年	16 歲	就讀都柏林的伊雷斯摩斯・史密斯中學（Erasmus Smith）
1882 年	17 歲	開始創作詩詞
1884 年	19 歲	就讀大都會藝術學校（Metropolitan School of Art）
1888 年	23 歲	編寫《愛爾蘭鄉村的神話和民間故事集》
1889 年	24 歲	出版首部詩集《烏辛漫遊記及其他詩作》。於牛津大學出版社擔任編輯。結識茉德・岡
1890 年	25 歲	在倫敦成立詩人俱樂部（Rhymer's Club）
1891 年	26 歲	向茉德・岡求婚被拒絕。創作《凱薩琳女伯爵》劇作，隔年出版
1893 年	27 歲	出版《凱爾特的薄暮》。
1894 年	28 歲	經萊奧內爾・約翰生介紹認識其表妹奧麗薇亞・莎士比亞
1896 年	31 歲	結識葛列格里夫人，隔年共同籌建愛爾蘭文學劇院
1899 年	34 歲	出版《葦叢中的風》，獲最佳詩集學院獎。《凱薩琳女伯爵》在都柏林上演。向茉德・岡求婚二度被拒
1900 年	35 歲	向茉德・岡求婚三度被拒
1903 年	38 歲	茉德・岡與約翰・麥克布萊德結婚
1904 年	39 歲	艾比劇場於都柏林成立，開幕日上演葉慈的劇作
1917 年	52 歲	向茉德・岡求婚四度被拒。與喬治・海德麗絲結婚，兩人育有一子一女。
1919 年	54 歲	出版詩集《庫爾的野天鵝》
1922 年	57 歲	愛爾蘭自由邦成立，當選為參議員
1923 年	58 歲	獲頒諾貝爾文學獎
1925 年	60 歲	出版《靈視》
1928 年	63 歲	出版《塔堡》
1931 年	66 歲	獲頒牛津大學榮譽文學博士
1933 年	68 歲	出版《旋梯及其他詩作》
1938 年	73 歲	於艾比劇場最後一次公開露面。移居法國。創作《庫胡琳之死》、生前最後一首詩「黑塔」。
1939 年	74 歲	逝世於法國。1948 年重葬於祖國愛爾蘭

葉慈主要作品年表

年份	作品
1886 年	[詩劇] 摩沙達 Mosada
1888 年	[故事集] 愛爾蘭鄉村的神話和民間故事集 Fairy and Folk Tales of the Irish Peasantry
1889 年	[詩集] 十字路口 Crossways [詩集] 烏辛漫遊記其他詩作 The Wanderings of Oisin and other Poems
1892 年	[詩集] 凱薩琳女伯爵及其他傳說和抒情詩 The Countess Kathleen and Various Legends and Lyrics
1893 年	[散文集] 凱爾特的薄暮 The Celtic Twilight [詩集] 玫瑰 The Roses
1894 年	[劇作] 心靈的欲望之田 The Land of Heart's Desire
1897 年	[小說] 神秘的玫瑰 The Secret Rose
1899 年	[詩集] 葦叢中的風 The Wind among the Reeds
1902 年	[劇作] 胡里漢之女凱薩琳 Cathleen Ní Houlihan
1903 年	[詩集] 在七片樹林裡 In the Seven Woods
1910 年	[詩集] 綠盔及其他詩作 The Green Helmet and Other Poems
1914 年	[詩集] 責任 Responsibilities
1919 年	[詩集] 庫爾的野天鵝 The Wild Swan at Coole
1925 年	[哲學散文] 靈視 A Vision
1926 年	[自傳] 自傳 Autobiographies of William Butler Yeats
1928 年	[詩集] 塔堡 The Tower
1933 年	[詩集] 旋梯及其他詩作 The Winding Stair and Other Poems
1934 年	[劇作] 劇作選集 Collected Plays
1935 年	[詩集] 三月的滿月 A Full Moon in March
1939 年	[詩集&劇作] 最後的詩及兩部劇作 Last Poems and Two Plays（死後出版）
1939 年	[散文&詩歌&劇作] 氣鍋中 On the Boiler（死後出版）

國家圖書館出版品預行編目 (CIP) 資料

葉慈：唯獨一人愛你那虔誠的靈魂，一
本書讀懂愛爾蘭詩人葉慈 / 大風文化編
輯部作. - 初版. -- 新北市：大風文創，
2022.11 面； 公分
ISBN 978-626-96393-0-4（平裝）

1.CST: 葉慈 (Yeats, W. B.(William Butler),
1865-1939) 2.CST: 傳記 3.CST: 文學評
論 4.CST: 愛爾蘭

784.198　　　　　　　　111011487

線上讀者問卷

關於這本書的任何建議或心得，
歡迎與我們分享。

https://reurl.cc/R08LR6

葉慈
唯獨一人愛你那虔誠的靈魂，一本書讀懂愛爾蘭詩人葉慈

作　　　者／大風文創編輯部
主　　　編／林巧玲
特約文字／陳旻侖
封面設計／王筱彤
人物插畫／楊子欣
內頁設計／陳琬綾
發 行 人／張英利
出 版 者／大風文創股份有限公司
電　　　話／(02)2218-0701
傳　　　真／(02)2218-0704
網　　　址／ http://windwind.com.tw
E-Mail ／ rphsale@gmail.com
Facebook ／ http://www.facebook.com/windwindinternational
地　　　址／ 231 台灣新北市新店區中正路 499 號 4 樓

台灣地區總經銷／聯合發行股份有限公司
電　　　話／ (02)2917-8022
傳　　　真／ (02)2915-6276
地　　　址／ 231 新北市新店區寶橋路 235 巷 6 弄 6 號 2 樓

港澳地區總經銷／豐達出版發行有限公司
電　　　話／ (852)2172-6513
傳　　　真／ (852)2172-4355
E-Mail ／ cary@subseasy.com.hk
地　　　址／香港柴灣永泰道 70 號柴灣工業城第二期 1805 室

初版一刷／ 2022 年 11 月
定　　　價／新台幣 180 元

如有缺頁、破損或裝訂錯誤，請寄回本公司更換，謝謝。
版權所有，翻印必究
Printed in Taiwan